Ernst Probst

Die nordische frühe Bronzezeit

Eine Kultur der Bronzezeit vor etwa 1800 bis 1500 v. Chr.

AF151891

Dokument Nr. V181058 aus dem GRIN Verlagsprogramm

Ernst Probst

Die nordische frühe Bronzezeit

Eine Kultur der Bronzezeit vor etwa 1800 bis 1500 v. Chr.

GRIN Verlag

1. Auflage 2011
Copyright © 2011 GRIN Verlag GmbH
http://www.grin.com
Druck und Bindung: Books on Demand GmbH, Norderstedt Germany
ISBN 978-3-656-03895-5

Frau aus der Frühbronzezeit in Deutschland.
Ausschnitt aus einer Zeichnung
von Friederike Hilscher-Ehlert, Königswinter,
für das Buch »Deutschland in der Bronzezeit« (1996)
von Ernst Probst

Ernst Probst

Die nordische frühe Bronzezeit in Deutschland

Eine Kultur der Bronzezeit vor etwa 1800 bis 1500 v. Chr.

Widmung

Den Wissenschaftlern gewidmet,
die mich bei meinem Buch
„Deutschland in der Bronzezeit" (1996)
bei den Recherchen über Kulturen
der Frühbronzezeit
besonders unterstützt haben:

Dr. Gretel Gallay (heute Callesen), Nidderau
Professor Dr. Hans-Eckart Joachim, Bonn
Professor Dr. Horst Keiling, Schwerin
Professor Dr. Rüdiger Krause, Frankfurt am Main
Dr. Friedrich Laux, Hamburg
Dr. Peter Schröter, Munchen

Inhalt

Der dänische Archäologe
Christian Jürgensen Thomsen (1788–1865)
hat 1836 die Urgeschichte
nach dem jeweils am meisten verwendetem Rohstoff
in drei Perioden eingeteilt:
Steinzeit, Bronzezeit und Eisenzeit.

Vorwort

Eine Kultur, die vor etwa 1800 bis 1500 v. Chr. in Mecklenburg-Vorpommern existierte, steht im Mittelpunkt des Taschenbuches »Die nordische frühe Bronzezeit in Deutschland«. Geschildert werden der Schmuck, die Keramik, Werkzeuge, Waffen, Jagdtiere, das Verkehrswesen, der Handel und die Religion der damaligen Ackerbauern, Viehzüchter und Bronzegießer. Verfasser ist der Wiesbadener Wissenschaftsautor Ernst Probst, der sich vor allem durch seine Werke »Deutschland in der Urzeit« (1986), »Deutschland in der Steinzeit« (1991) und »Deutschland in der Bronzezeit« (1996) einen Namen gemacht hat. Von 1986 bis 2011 veröffentlichte er mehr als 100 Bücher, Taschenbücher, Broschüren und E-Books.

Das Taschenbuch »Die nordische frühe Bronzezeit in Deutschland« ist Dr. Gretel Gallay (heute Callesen), Professor Dr. Hans-Eckart Joachim, Professor Dr. Horst Keiling, Professor Dr. Rüdiger Krause, Dr. Friedrich Laux und Dr. Peter Schröter gewidmet, die den Autor bei den Recherchen für sein Buch »Deutschland in der Bronzezeit« besonders unterstützt haben.

OSCAR MONTELIUS,
geboren am 9. September 1843 in Stockholm,
gestorben am 4. November 1921 in Stockholm.
Er promovierte 1869,
wurde 1888 Professor und war von 1907 bis 1913
Reichsantiquar in Schweden.
Montelius teilte 1885
die nordische Bronzezeit in sechs Perioden
(Periode I bis VI)
und 1897 die Eisenzeit in acht Perioden
(Periode I bis VIII) ein.
Außerdem prägte er
schon im 19. Jahrhundert
den Begriff Nordischer Kreis der Bronzezeit,
von dem der heutige Name
nordische Bronzezeit abgeleitet ist.

Stabdolche als Zeichen der Götter

Die nordische frühe Bronzezeit

Als in Mittel- und Süddeutschland bereits frühbronzezeitliche Kulturen heimisch waren, verharrten in Mecklenburg-Vorpommern noch Bevölkerungsgruppen auf dem technischen Niveau der Jungsteinzeit. Der Fortschritt setzte sich dort erst später durch als in südlicheren Gebieten. So war es im Norden auch schon mit Ackerbau und Viehzucht geschehen, die als Kennzeichen der Jungsteinzeit gelten und dort mit großer Verzögerung eingeführt wurden.

Ähnlich erging es in Mecklenburg-Vorpommern dem neuen Metall Bronze, weshalb dort die frühe Bronzezeit einige Jahrhunderte später als in Mittel- und Süddeutschland einsetzte. Da im Norden auch das Eisen zunächst kaum Beachtung fand, währte dort die Bronzezeit länger als im Süden und die Eisenzeit begann dementsprechend merklich später.

In Mecklenburg-Vorpommern gilt die Gliederung der Bronzezeit in sechs Perioden. Diesem Schema zufolge entspricht dort die frühe Bronzezeit der Periode I, die nach heutiger Kenntnis etwa von 1800 bis 1500 v. Chr dauerte. Jener Abschnitt wird auch als nordische frühe Bronzezeit oder als frühe Bronzezeit des Nordischen Kreises bezeichnet. Der von dem schwedischen Prähistoriker Oscar Montelius (1843–1921) stammende Begriff »Nordischer Kreis« beruht auf der

Für Skandinavien und Norddeutschland wird die 1885 von dem schwedischen Prähistoriker Oscar Montelius aus Stockholm erarbeitete Gliederung der Bronzezeit verwendet. Er teilte die nordische Bronzezeit nach der typologischen Abfolge von Bronzeerzeugnissen (Gewandspangen, Rasiermesser, Schwerter, Gürteldosen) in sechs Perioden ein, die er mit römischen Ziffern von I bis VI kennzeichnete. Das auf seinen Erkenntnissen aufbauende Chronologieschema sieht heute so aus:

Periode I (frühe Bronzezeit):
etwa 1800 bis 1500 v. Chr.

Periode II (ältere Bronzezeit):
etwa 1500 bis 1200 v. Chr.

Periode III (mittlere Bronzezeit):
etwa 1200 bis 1100 v. Chr.

Perioden IV und V (jüngere Bronzezeit):
etwa 1100 bis 800 v. Chr.

Periode VI (frühe Eisenzeit):
etwa 800 bis 500 v. Chr.

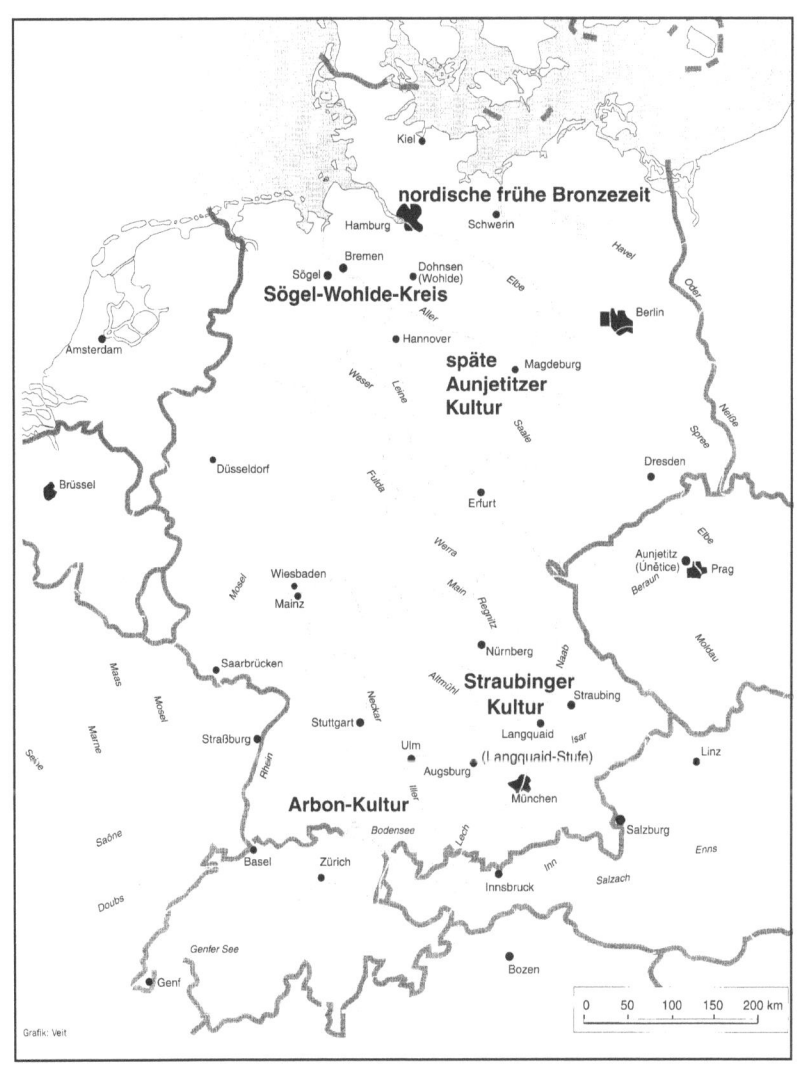

Verbreitung der Kulturen und Gruppen während der nordischen frühen Bronzezeit (etwa 1800 bis 1500 v. Chr.) in Deutschland

15

eigenständigen Entwicklung nördlicher Regionen Europas.

Über die Anatomie, Körperhöhe und Krankheiten der Menschen aus der frühen Bronzezeit in Mecklenburg-Vorpommern lässt sich nichts sagen. Der Grund hierfür ist, dass die Skelette in den Gräbern im kalkarmen Boden völlig aufgelöst wurden. Auch die Siedlungen, das Leben darin und das Wirtschaftswesen sind bisher kaum erforscht.

Pfeilspitzen aus Feuerstein mit eingezogener Basis wie in der späten Jungsteinzeit verdeutlichen, dass Pfeil und Bogen weiterhin eine wichtige Jagdwaffe waren. Hinweise auf zumindest gelegentlich ausgeübte Jagd auf Rothirsche *(Cervus elaphus)* geben die Werkzeuge und Waffen mit Geweihgriffen. Wichtiger als das Töten von Wildtieren dürften jedoch Ackerbau und Viehzucht für die Ernährung gewesen sein.

Die Keramik bestand teilweise aus einfachen, unverzierten Formen, die entweder keinen oder nur einen Henkel besaßen. Reste von solchen schlichten Tongefäßen wurden in Lemmersdorf und Bagemühl (beide Kreis Uecker-Randow) in Mecklenburg-Vorpommern gefunden. Daneben modellierte man henkellose Schalen und Tassen mit einfacher Form und Verzierung.

In der nordischen frühen Bronzezeit gab es weiterhin Werkzeuge und Waffen aus Feuerstein, Knochen und Geweih. Als besonders typische Waffen dieser Kulturstufe gelten Streitäxte mit einer Klinge aus Felsgestein und hölzernem Schaft sowie aus Feuerstein zurechtgeschlagene Dolche. Besonders prächtig wirken die »Fischschwanzdolche« mit fischschwanzartigem Griff.

Feuersteindolche wurden auch dann noch hergestellt, als man bereits Kupfer- und Bronzedolche eintauschte.

Die Menschen der frühen Bronzezeit in Mecklenburg-Vorpommern deckten ihren Bedarf an Metallerzeugnissen vor allem durch Tauschgeschäfte mit Angehörigen der Aunjetitzer Kultur. Von diesen bezogen sie Flachbeile, Randleistenbeile, Randmeißel, Schaftlochäxte, Schaftröhrenäxte, Vollgriffdolche, Stabdolche, Lanzenspitzen und Schmuck.

Die Flachbeile hatten die gleiche Form wie die aus Feuerstein zurechtgehauenen Beilklingen der Jungsteinzeit. Flachbeile wurden in Mildenitz-Hornshagen (Kreis Mecklenburg-Strelitz), Jasmund (Kreis Rügen) und in Pantelitz (Kreis Nordvorpommern) gefunden. Bei den Randleistenbeilen überwog der norddeutsche Typ mit geradem Nacken und ausladender bogenförmiger Schneide gegenüber dem sächsischen Typ mit rundem Nacken und weit gebogener, stark gewölbter Schneide.

Von den Schaftlochäxten sind bisher in Mecklenburg-Vorpommern sechs Exemplare gefunden worden. Sie kamen oft in Mooren zum Vorschein und könnten daher als Opfer für Götter bestimmt gewesen sein. Eine reichverzierte Schaftlochaxt wurde in Gägelow (Kreis Nordwestmecklenburg) entdeckt. Die Schaftröhrenäxte ähneln Funden aus Ungarn und sind vermutlich auf dem Tauschweg bis nach Mecklenburg-Vorpommern und Skandinavien gelangt.

Bei den frühbronzezeitlichen Dolchfunden aus Mecklenburg-Vorpommern wird zwischen Vollgriffdolchen

Foto auf Seite 19:

Stabdolche und ein Randleistenbeil
aus dem Depot von Melz (Kreis Müritz)
in Mecklenburg-Vorpommern.
Das Randleistenbeil (links)
hat einen 71,3 Zentimeter langen Bronzeschaft.
Originale im Archäologischen Landesmuseum
Mecklenburg-Vorpommern, Lübstorf.

19

des Malchiner Typs und solchen des Aunjetitzer Typs unterschieden. Erstere gelten als einheimische Erzeugnisse, letztere als Importe. Beide Typen waren in dem Depot von Malchin[1] (Kreis Demmin) vertreten. Bisher sind – nach Angaben des Schweriner Prähistorikers Horst Keiling – in Mecklenburg-Vorpommern insgesamt 21 Dolche vom Malchiner Typ entdeckt worden. Sie ähneln einander so sehr, dass sie vermutlich in einer einzigen Werkstatt, die jedoch noch nicht lokalisiert werden konnte, gegossen wurden.

Die Klinge, der Griff mitsamt Heftplatte und manchmal auch die Nieten wurden vermutlich in einem Stück angefertigt. Der Griff ist mit Rillen und die Klinge mit einer Mittelrippe verziert. Der spitzovale bis rautenförmige Querschnitt hat große Ähnlichkeit mit den Feuersteindolchen.

Offenbar reichten die Gegengaben der Mecklenburg-Vorpommerner Bevölkerung nicht aus, um sich auf dem Tauschweg ausschließlich mit Metalldolchen auszurüsten. Deshalb wurden weiterhin viele Feuersteindolche hergestellt und teilweise metallene Vorbilder nachgeahmt. Das Nebeneinander von Feuerstein- und Bronzedolch ist in Blengow (Kreis Bad Doberan) belegt. Dort lagen in einem Grab ein Feuersteindolch und eine bronzene Dolchklinge.

Seltener als die Dolche des Malchiner Typs waren in Mecklenburg-Vorpommern die Vollgriffdolche vom Aunjetitzer Typ. Letzterer Typ ist im Depot von Malchin und im Depot I von Melz[2] (Kreis Müritz) sowie in Rehna (Kreis Nordwestmecklenburg) nachgewiesen.

An zehn Fundorten in Mecklenburg-Vorpommern wurden bronzene Stabdolche entdeckt. Der bedeutendste Fund dieser Art glückte im Depot II von Melz[3]. Dort wurden sechs komplette Stabdolche mit bronzenen Klingen und mit Schäften aus Eschen- und Lindenholz darin, acht Klingen sowie ein komplettes Randleistenbeil mit bronzener Klinge und ebensolchem Schaft geborgen. Eine Altersdatierung von Holzresten der Stabdolche nach der C14-Methode ergab einen Mittelwert von 1786 v. Chr. Die Klinge des Randleistenbeils aus Melz wurde vermutlich noch in heißem Zustand auf den Bronzeschaft gezogen

Die Menschen der frühen Bronzezeit in Mecklenburg-Vorpommern tauschten mit den Leuten der Aunjetitzer Kultur, des Sögel-Wohlde-Kreises sowie mit gleichzeitigen Kulturen in England und Irland begehrte Güter aus. Malchiner Dolche auf der Ostseeinsel Rügen sind vielleicht mit Feuerstein von dort bezahlt worden.

Schmuckstücke gab es in Form von Ösenhalsringen, Spiralröllchen, Bronze- und Steinperlen als Anhänger von Halsketten, Hals- und Armringen mit verjüngten Enden, Manschettenarmbändern (Stulpen), Arm- und Brillenspiralen. Mit Ausnahme der Steinperlen handelte es sich auch hier ausschließlich um Importe.

Bronzene Ösenhalsringe lagen vor allem in Depots. So gehörten zum Depot von Wendhof[4] (Kreis Müritz) 18 Ösenhalsringe. In Nipmerow auf Rügen kamen mehrere recht roh gegossene Ösenhalsringe zum Vorschein. In Gräbern sind solche Schmuckstücke – mit Ausnahme von Twietfort (Kreis Parchim) – nirgends gefunden worden. Aus Twietfort kennt man auch Bronze- und

Steinperlen an Halsketten. In den Löchern mancher
dieser Perlen steckten noch gezwirnte Fadenreste.
Bei den Hals- und Armringen mit verjüngten Enden
waren die unverzierten und besonders dicken Exemplare wohl Metallbarren, die noch weiterverarbeitet
werden sollten. Dagegen sind die etwas dünneren und
leichteren Stücke vermutlich als Schmuck getragen
worden. Die Enden der großen und der kleinen Hals-
und Armringe waren stumpf oder spitz gestaltet. Man-
schettenarmbänder wurden nur an wenigen Plätzen in
Mecklenburg-Vorpommern entdeckt.
Die Armspiralen aus Bronzedraht besaßen zehn bis 20
Windungen. Der Draht hatte einen schmalen, drei-
eckigen oder spitzovalen Querschnitt.
Als Brillenspiralen werden zwei mit einem Bügel ver-
bundene Spiralplatten bezeichnet. Sie ähnelten einer
Brille und dienten als dekorativer Hängeschmuck.
Von der damaligen Schifffahrt zeugt der fragmentarisch
erhaltene Fund eines Einbaums südwestlich von Dahlen[5]
(Kreis Mecklenburg-Strelitz) in Mecklenburg-Vorpommern. Das in etwa 1,90 Metern Tiefe entdeckte
Wasserfahrzeug ist 3,36 Meter lang und 62 Zentimeter
breit. Seine ursprüngliche Höhe lässt sich nicht mehr
ermitteln.
An den Gräbern von Blengow und Twietfort wird er-
sichtlich, wie die Toten in der nordischen frühen Bronzezeit bestattet worden sind. In diesen Gräbern schützte
man die Leichen durch Packungen aus vorwiegend
rundlichen oder ovalen Feldsteinen. Die Hinterblie-
benen gaben den männlichen Verstorbenen meistens
einen Feuersteindolch und nur noch selten eine Steinaxt

mit ins Grab. Metallobjekte lagen lediglich in den Gräbern von Blengow (Kreis Bad Doberan), Warrenzin (Kreis Demmin) und Twietfort (Kreis Parchim). Weitere Beigaben waren Tongefäße, darunter mehrheitlich henkellose Schalen und Tassen.

Bronzene Waffen und Schmuckstücke in Sümpfen, Mooren, auf feuchten Wiesen und an Seeufern waren vermutlich als Weihegaben für Götter gedacht. Das Depot von Neubauhof[6] (Kreis Demmin) umfasste drei Vollgriffdolche, vier Manschettenarmringe, vier Halsringbarren, ein Randleistenbeil und ein Manschettenarmband. In Pustohl (Kreis Bad Doberan) fand man einen Stabdolch sowie ein Manschettenarmband und in Wendhof (Kreis Müritz) Ösenhalsringe.

Als Weihegaben gelten auch die Stabdolche, die eher den Charakter von Prunkwaffen, Würdezeichen oder Zeremonialgeräten von Häuptlingen oder Priestern hatten als einen praktischen Nutzen. Sie spielten vielleicht bei kultischen Prozessionen eine Rolle, bei denen sie als »heilige Zeichen«, Zeremonialgeräte oder Machtsymbole einer Gottheit mitgeführt wurden. Einen diesbezüglichen Hinweis gibt ein Felsbild von Simrishamn in Schweden. Darauf präsentiert ein stehender Mann mit deutlich erigiertem Penis eine ihn merklich überragende Prachtaxt. Diese Szene wird als Darstellung eines Fruchtbarkeitsritus gedeutet.

Foto auf Seite 25:

Ausschnitt aus einem Felsbild
der nordischen Bronzezeit
von Tanumshede in Schweden.
Zu sehen sind
nackte Männer mit erigiertem Penis
und mit einer Prachtaxt in der Hand
sowie einige Schiffe.
Die Felsbilder von Tanumshede
wurden 1994
von der UNESCO
zum Weltkulturerbe erklärt.

24

Anmerkungen

1] Das Depot von Malchin wurde 1822 entdeckt.
2] Das Depot I von Melz wurde 1941 gefunden.
3] Das Depot II von Melz wurde am 17. August 1970 beim Verlegen einer Rohrleitung von Arbeitern geborgen.
4] Das Depot von Wendhof wurde 1821 im Schweriner Museum eingeliefert.
5] Der Einbaum bei Dahlen (Flur Pastorbruch) wurde 1973 bei Meliorationsarbeiten freigelegt.
6] Auf das Depot von Neubauhof stieß man im Sommer 1860 beim Torfstechen.

Literatur

BELTZ, Robert: Die vorgeschichtlichen Altertümer des Großherzogtums Mecklenburg-Schwerin, Schwerin 1910

EBERT, Max: Nordischer Kreis. Aus: Reallexikon der Vorgeschichte, S. 6–109, Berlin 1927

HELLMUNDT, Albert: Die vor- und frühgeschichtlichen Denkmäler und Funde des Kreises Ueckermünde, Schwerin 1964

HOLLNAGEL, Adolf: Die vor- und frühgeschichtlichen Denkmäler des Kreises Neustrelitz, Schwerin 1958

HOLLNAGEL, Adolf: Die vor- und frühgeschichtlichen Denkmäler und Funde des Kreises Neubrandenburg, Schwerin 1962

KEILING, Horst: Eine massive Bronzeaxt aus der älteren Bronzezeit von Gägelow, Kr. Wismar. Ausgrabungen und Funde, Band 25, Heft 3, S. 122–127, Berlin 1980

KEILING, Horst: Die Kulturen der mecklenburgischen Bronzezeit. Archäologische Funde und Denkmale aus dem Norden der DDR. Herausgegeben vom Museum für Ur- und Frühgeschichte Schwerin, Museumskatalog 6, Schwerin 1987

LISCH, Georg Christian Friedrich: Friderico-Francisceum oder Großherzogliche Alterthümersammlung aus der altgermanischen und slavischen Zeit Meklenburgs zu Ludwigslust, Leipzig 1837

MÜLLER, Sophus: Die nordische Bronzezeit und deren Periodentheilung. Aus dem Dänischen von Johanna Mestorf, Jena 1878

SCHOKNECHT, Ulrich. Ein neuer Hortfund von Melz, Kreis Röbel, und die mecklenburgischen Stabdolche. Bodendenkmalpflege in Mecklenburg 1971, S. 233–253, Schwerin 1972

SCHUBART, Hermannfrid: Die Funde der älteren Bronzezeit in Mecklenburg. Offa-Bücher, Band 26, Neumünster 1972

SCHWABEDISSEN, Hermann: Die Entstehung des Nordischen Kreises. Forschungen und Fortschritte, Band 15, S. 142–143, Berlin 1939

WEGEWITZ, Willi: Hügelgräber aus der frühen Bronzezeit im Kreise Harburg. Harburger Jahrbuch, Band 10, S. 90– 111, Hamburg-Harburg 1959

WÜSTEMANN, Harry: Zum Formenbestand der bronzezeitlichen Bronzedolche im Norden der DDR und ihre Zeitstellung. Mitteilungen des Bezirksfachausschusses für Ur- und Frühgeschichte Neubrandenburg, Band 33, S. 3–10, Neubrandenburg 1986

Bildquellen

Klaus Benz, Fotograf, Mainz-Laubenheim: 33
Reproduktionen von Fotos aus dem Buch
»Deutschland in der Bronzezeit« (1996) von Ernst
Probst: 12 (Antikvarisk-topografiska Arkivet,
Stockholm), 19 (Archäologisches Landesmuseum
Mecklenburg.-Vorpommern, Lübstorf)
Reproduktion einer Karte von Rainer Veit aus dem
Buch »Deutschland in der Bronzezeit« (1996) von
Ernst Probst: 15
Reproduktion einer Zeichnung aus dem Buch
»Deutschland in der Bronzezeit« (1996) von Ernst
Probst: 9 (Reproduktion aus Jorn Street-Jensen:
Christian Jürgensen Thomsen und Ludwig Linden-
schmit: Eine Gelehrtenkorrespondenz aus der
Frühzeit der Altertumskunde (1853–1964), Mainz
1985)
Wikipedia (Online-Lexikon) http://wikipedia.org:
Locutus Borg: 25
Zeichnung von Friederike Hilscher-Ehlert,
Königswinter, für das Buch »Deutschland in der
Bronzezeit« (1996) von Ernst Probst: 1

Der Autor Ernst Probst

Ernst Probst, geboren am 20. Januar 1946 in Neunburg vorm Wald im bayerischen Regierungsbezirk Oberpfalz, ist Journalist und Wissenschaftsautor. Er arbeitete von 1968 bis 1971 als Redakteur bei den »Nürnberger Nachrichten«, von 1971 bis 1973 in der Zentralredaktion des »Ring Nordbayerischer Tageszeitungen« in Bayreuth und von 1973 bis 2001 bei der »Allgemeinen Zeitung«, Mainz. In seiner Freizeit schrieb er Artikel für die »Frankfurter Allgemeine Zeitung«, »Süddeutsche Zeitung«, »Die Welt«, »Frankfurter Rundschau«, »Neue Zürcher Zeitung«, »Tages-Anzeiger«, Zürich, »Salzburger Nachrichten«, »Die Zeit", »Rheinischer Merkur«, »Deutsches Allgemeines Sonntagsblatt«, »bild der wissenschaft«, »kosmos«, »Deutsche Presse-Agentur« (dpa), »Associated Press« (AP) und den

»Deutschen Forschungsdienst« (df). Aus seiner Feder stammen die Bücher »Deutschland in der Urzeit« (1986), »Deutschland in der Steinzeit« (1991), »Rekorde der Urzeit« (1992), »Dinosaurier in Deutschland« (1993 zusammen mit Raymund Windolf) und »Deutschland in der Bronzezeit« (1996). Von 2001 bis 2006 betätigte sich Ernst Probst als Buchverleger sowie zeitweise als internationaler Fossilienhändler und Antiquitätenhändler. Insgesamt veröffentlichte er mehr als 100 Bücher, Taschenbücher, Broschüren und E-Books.

Bücher von Ernst Probst

Affenmenschen
Von Bigfoot bis zum Yeti

Annie Oakley
Die Meisterschützin des Wilden Westens

Archaeopteryx. Der Urvogel aus Bayern

Christl-Marie Schultes. Die erste Fliegerin in Bayern
(zusammen mit Theo Lederer)

Cortés und Malinche. Der spanische Eroberer
und seine indianische Geliebte

Das Dinotherium-Museum Eppelsheim
Führer durch die Ausstellung
(zusammen mit Dr. Jens Lorenz Franzen
und Heiner Roos)

Der Europäische Jaguar

Der Mosbacher Löwe
Die riesige Raubkatze aus Wiesbaden

Der Rhein-Elefant
Das Schreckenstier von Eppelsheim

Die Dolchzahnkatze *Smilodon*

Die Säbelzahnkatze *Machairodus*

Die Säbelzahnkatze *Homotherium*

Die Schweiz in der Frühbronzezeit

Die Schweiz in der Mittelbronzezeit

Die Schweiz in der Spätbronzezeit

Dinosaurier in Deutschland. Vom *Efraasia*
bis zu *Sellosaurus*

Dinosaurier von A bis K. Von *Abelisaurus*
bis zu *Kritosaurus*

Dinosaurier von L bis Z. Von *Labocania*
bis zu *Zupaysaurus*

Eiszeitliche Geparde in Deutschland

Eiszeitliche Leoparden in Deutschland

Frauen im Weltall

Höhlenlöwen. Raubkatzen
im Eiszeitalter

Johann Jakob Kaup
Der große Naturforscher aus Darmstadt

Julchen Blasius. Die Räuberbraut des Schinderhannes

Königinnen der Lüfte in Deutschland

Königinnen der Lüfte in Europa

Königinnen der Lüfte in Amerika

Königinnen der Lüfte von A bis Z

Königinnen des Tanzes

Malende Superfrauen

Meine Worte sind wie die Sterne
Die Entstehung der Rede des Häuptlings Seattle
(zusammen mit Sonja Probst)

Monstern auf der Spur
Wie die Sagen über Drachen, Riesen
und Einhörner entstanden

Österreich in der Frühbronzezeit

Österreich in der Mittelbronzezeit

Österreich in der Spätbronzezeit

Pompadour und Dubarry. Die Mätressen
von Louis XV.

Raub-Dinosaurier von A bis Z.
Mit Zeichnungen von Dmitry Bogdanav
und Nobu Tamura

Rekorde der Urmenschen
Erfindungen, Kunst und Religion

Rekorde der Urzeit
Landschaften, Pflanzen und Tiere

Säbelzahnkatzen. Von *Machairodus*
bis zu *Smilodon*

Säbelzahntiger am Ur-Rhein. *Machairodus*
und *Paramachairodus*

Seeungeheuer
Von Nessie bis zum Zuiyo-maru-Monster

Superfrauen aus dem Wilden Westen

Superfrauen 1 – Geschichte

Superfrauen 2 – Religion

Superfrauen 3 – Politik

Superfrauen 4 – Wirtschaft und Verkehr

Superfrauen 5 – Wissenschaft

Superfrauen 6 – Medizin

Superfrauen 7 – Film und Theater

Superfrauen 8 – Literatur

Superfrauen 9 – Malerei und Fotografie

Superfrauen 10 – Musik und Tanz

Superfrauen 11 – Feminismus und Familie

Superfrauen 12 – Sport

Superfrauen 13 – Mode und Kosmetik

Superfrauen 14 – Medien und Astrologie

Tony und Bruno Werntgen. Zwei Leben
für die Luftfahrt (zusammen mit Paul Wirtz)

Zenobia von Palmyra. Eine Frau kämpft
gegen die Römer

Bestellungen bei: http://www.grin.com